四川省工程建设地方标准

四川省高分子复合材料检查井盖、水箅技术规程

Technical Specification of Polymer Composite Manhole Lid and Water Grate in Sichuan Province

DB51/T5057 – 2016

主编单位：成都市城市建设科学研究院
批准部门：四川省住房和城乡建设厅
施行日期：2017年3月1日

西南交通大学出版社

2017 成都

图书在版编目（CIP）数据

四川省高分子复合材料检查井盖、水箅技术规程 / 成都市城市建设科学研究院主编. —成都：西南交通大学出版社，2017.3
（四川省工程建设地方标准）
ISBN 978-7-5643-5336-0

Ⅰ. ①四… Ⅱ. ①成… Ⅲ. ①道路－高分子材料－复合材料－排水管道－技术规范－四川 Ⅳ. ①U417.3-65

中国版本图书馆 CIP 数据核字（2017）第 056272 号

四川省工程建设地方标准

四川省高分子复合材料检查井盖、水箅技术规程

主编单位 成都市城市建设科学研究院

责任编辑	柳堰龙
封面设计	原谋书装
出版发行	西南交通大学出版社 （四川省成都市二环路北一段 111 号 西南交通大学创新大厦 21 楼）
发行部电话	028-87600564 028-87600533
邮政编码	610031
网址	http: //www.xnjdcbs.com
印刷	成都蜀通印务有限责任公司
成品尺寸	140 mm × 203 mm
印张	1.625
字数	38 千
版次	2017 年 3 月第 1 版
印次	2017 年 3 月第 1 次
书号	ISBN 978-7-5643-5336-0
定价	22.00 元

各地新华书店、建筑书店经销

关于发布工程建设地方标准《四川省高分子复合材料检查井盖、水箅技术规程》的通知

川建标发〔2016〕946号

各市州及扩权试点县住房城乡建设行政主管部门，各有关单位：

由成都市城市建设科学研究院修编的《四川省高分子复合材料检查井盖、水箅技术规程》已经我厅组织专家审查通过，现批准为四川省工程建设推荐性地方标准，编号为：DB51/T 5057－2016，自2017年3月1日起在全省实施。原《城市道高分子复合材料检查井盖、水箅技术规程》DB51/T 5057－2008同时作废。

该标准由四川省住房和城乡建设厅负责管理，成都市城市建设科学研究院负责技术内容的解释。

四川省住房和城乡建设厅

2016年12月6日

前　言

根据四川省住房和城乡建设厅《关于下达四川省工程建设地方标准<城市道路高分子复合材料检查井盖、水箅技术规程>修订计划的通知》（川建标函〔2015〕728号）的要求，本规程由成都市城市建设科学研究院会同有关单位对《城市道路高分子复合材料检查井盖、水箅技术规程》DB51/T 5057—2008进行修订。在修订过程中，修订组进行了较为广泛的调查研究，在高分子复合材料检查井盖、水箅的生产、应用成果的基础上，参照国内外相关标准，并结合我省实际情况修订完成。

本规程共分7章，主要技术内容是：总则；术语；产品承载等级、编号、标识；原材料及产品技术要求；检测及试验方法；安装；质量检验。

本规程修订的主要技术内容是：（1）增加了原材料中树脂和玻璃纤维的使用量的规定，透气孔的设置等。（2）修改了承载等级的划分方式、技术要求、试验方法等。（3）取消了国家标准中已定义的术语。

本规程由四川省住房和建设厅负责管理，成都市城市建设科学研究院负责具体技术内容的解释。执行过程中如有意见或建议，请将意见和资料寄送至成都市城市建设科学研究院（地址：成都市西屠场街 7 号；电话：86258503；邮编：610031；E-mail：892374480@qq.com）。

主 编 单 位：成都市城市建设科学研究院

参 编 单 位：成都易信达科技股份有限公司
成都新同高复合器材有限公司
成都明广市政道路设施有限公司

主要起草人：陈位祥　陈晓春　黄仁智　周志亮
蒋　希　李世波　胡　浩

主要审查人：方汝清　蒋　宁　贺长发　黄建熙
聂福胜　魏懿红　谢　明

目　次

Contents

1 总 则

1.0.1 为规范在建设工程中使用高分子复合材料检查井盖、水箅，保障检查井盖及水箅的质量和使用安全，提供检查井盖、水箅的生产、应用的技术依据，以利于技术进步、确保质量，制定本规程。

1.0.2 本规程适用于四川省新建、扩建和改建的建设工程中使用高分子复合材料检查井盖、水箅的生产及应用。

1.0.3 本规程中凡未指明检查井盖或水箅应符合的条款，则为两者共同遵守。

1.0.4 高分子复合材料检查井盖、水箅及所用的原材料除执行本规程外，尚应符合国家及四川省有关标准的规定。

2 术 语

2.0.1 排水口 out fall

污水、雨水等流入地下排水设施的入口。

2.0.2 检查井盖 manhole lid

检查井口的封闭物，由支座和井盖组成。

2.0.3 水箅 water grate

排水口上放置的排水设施，由支座和箅子组成。

2.0.4 支座 set

检查井盖中固定于检查井口的部分，用于安放井盖；水箅中固定于排水口的部分，用于安放箅子。

2.0.5 井盖 lid

检查井盖中未固定部分。其功能是封闭检查井口，需要时能够开启。

2.0.6 箅子 grate

水箅中未固定部分。其功能是排水、截留较大杂物进入排水口，需要时能够开启。

2.0.7 井座净开孔（mm）clear opening（mm）

检查井井座孔口的最大内切圆直径（图 2.0.7），圆形检查井用 D 表示，矩形检查井支座孔口的净尺寸，分别用长度 L 和宽度 B 表示。

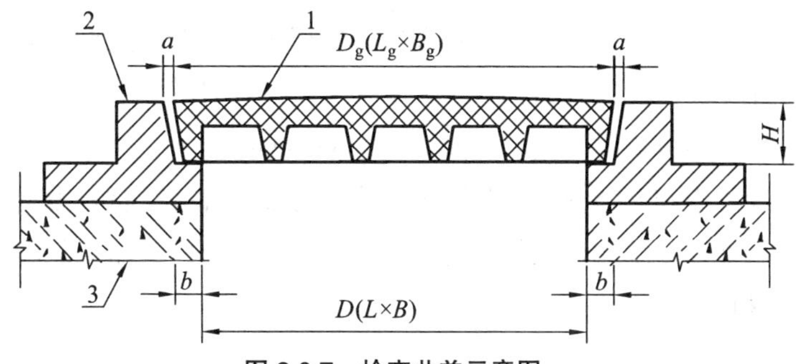

图 2.0.7　检查井盖示意图

1—井盖；2—支座；3—基座

2.0.8　水箅净空尺寸（mm）　net size of water grate

排水口的尺寸（图 2.0.8），分别用长度 L 和宽度 B 表示。

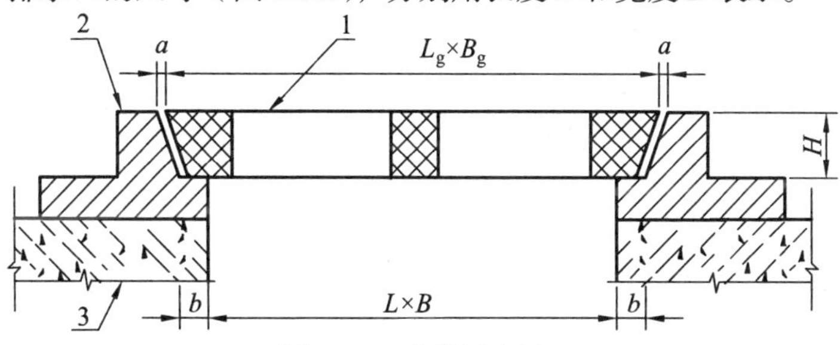

图 2.0.8　水箅示意图

1—箅子；2—支座；3—基座

2.0.9　井盖公称直径（mm）　nominal diameter of manhole lid

井盖上沿的外直径，用 D_g，矩形井盖用 $L_g(B_g)$表示。

2.0.10　水箅公称尺寸（mm）　nominal size of water grate

水箅上沿的实际尺寸，用 $L_g(B_g)$表示。

2.0.11　透气孔　breather hole

为避免管道内产生易燃易爆气体的聚集，在井盖上设置的通气的开孔。

2.0.12 高分子复合材料 polymer composites

以不饱和聚酯树脂、苯乙烯、聚苯乙烯等高分子材料为主要原料，与增强纤维和添加剂混合后，经过一定温度的模压工艺形成产品的材料。

3 产品承载等级、编号、标识

3.1 承载等级

3.1.1 高分子复合材料检查井盖按其承载能力划分为 A15、B125、C250、D400、E600 五级，检查井盖承载等级和设置场合应符合表 3.1.1 的规定。

表 3.1.1 检查井盖承载等级和设置场合

等级	标志	设置场合
A15	A	绿地、人行道等禁止机动车驶入的区域
B125	B	人行道、非机动车道、小车停车场及地下停车场
C250	C	住宅小区、背街小巷、仅有轻型机动车或小车行驶的区域
D400	D	城市主路车行道，可行驶各类机动车
E600	E	货运站、码头等区域

3.1.2 高分子复合材料水箅按其承载能力划分为 A15、B125、C200 三级，水箅承载等级和设置场合应符合表 3.1.2 的规定。

表 3.1.2 水箅承载等级和设置场合

等级	标志	设置场合
A15	A	绿地、人行道等禁止机动车驶入的区域
B125	B	人行道、非机动车道、小车停车场及地下停车场
C200	C	城市道路车行道

3.2 产品编号

3.2.1 高分子复合材料检查井盖的编号应由产品代号、形状及几何尺寸、承载等级、结构形式四部分组成，如图 3.2.1 所示。

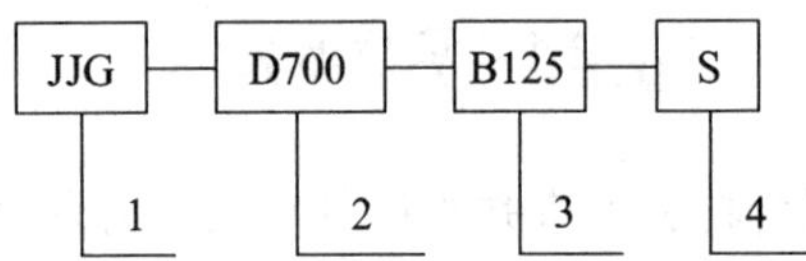

图 3.2.1 高分子复合材料检查井盖的编号

1—产品代号；2—形状及几何尺寸；

3—承载等级；4—结构形式

3.2.2 高分子复合材料水箅的编号应由产品代号、主要参数、承载等级三部分组成，如图 3.2.2 所示。

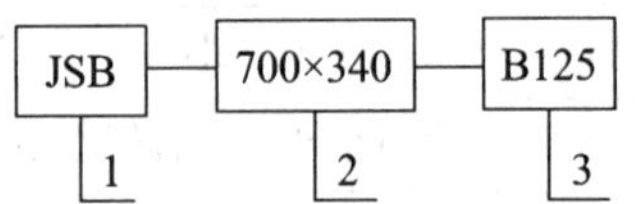

图 3.2.2 高分子复合材料水箅的编号

1—产品代号；2—形状及几何尺寸；3—承载等级

3.3 标识、合格证

3.3.1 每个井盖、箅子上必须具有清楚且永久性的下列标识：

1 产品编号；

2 产品用途，如用于污、雨、电、通信等；

3 生产企业名称或商标；

4 生产年月。

3.3.2 每个支座上必须有清楚且永久性的下列标识：

1 产品编号;

2 生产年月。

3.3.3 每个合格的检查井盖、水箅上必须有合格标记。

3.3.4 经检验合格的产品应填写产品合格证书，并应包括下列内容:

1 生产厂家名称;

2 产品的编号、代表数量;

3 执行标准编号;

4 合格证书编号;

5 检验员章;

6 检验部门章或检验专用章;

7 出厂日期。

4 原材料及产品技术要求

4.1 主要原材料

4.1.1 不饱和聚酯树脂应符合《纤维增强塑料用液体不饱和聚酯树脂》GB/T 8237 的规定。不饱和聚酯树脂的使用重量宜不小于模塑料总重量的 12%。

4.1.2 玻璃纤维应符合《玻璃纤维短切原丝》JC/T 896 的规定。玻璃纤维使用重量宜不小于树脂重量的 80%。

4.1.3 螺纹钢应符合《钢筋混凝土用热轧带肋钢筋》GB 1499 的规定。

4.1.4 原材料中不得使用砂或石粉等作为填充增强材料，不得使用再生料。

4.2 外 观

4.2.1 检查井盖的形状宜为圆形或矩形。水箅的形状宜为矩形。

4.2.2 检查井盖、水箅的表面应平整、光洁、无破损、无裂纹、色泽一致，标识及产品编号应清晰。

4.2.3 井盖表面应有凸起的防滑花纹，凸起部分面积占井盖上表面积宜不小于 30%，凸起高度宜为 3 mm ~ 5 mm。

4.2.4 井盖、箅子与支座的接触面应平整、光洁，相互接触平稳无晃动，并在接触面宜设置防位移的锁扣。

4. 2. 5 井盖应设置方便开启的开启孔，检查井盖的支座应设置用于固定的锚栓孔。

4. 2. 6 水箅采用四面收水方式排水，排水孔宽度不应大于 32 mm。

4. 2. 7 水箅的排水面积应占水箅净尺寸面积（$L \times B$）的 25%以上。

4. 2. 8 使用于容易产生易燃易爆气体的检查井盖应设透气孔，透气孔应设置在井盖上。

4.3 几何尺寸

4. 3. 1 井盖与支座间的缝宽、箅子与支座间的缝宽应符合表 4.3.1 的规定，上沿尺寸大于下沿尺寸，锥度宜为 1：20。

表 4.3.1 井盖与支座间的缝宽、箅子与支座间的缝宽

井座净开孔 D/mm	水箅净尺寸/mm	缝宽 $2a$/mm
$D \geqslant 600$	$L(B) \geqslant 600$	6 ± 2
$D < 600$	$L(B) < 600$	5 ± 2

4. 3. 2 支座支承面的宽度应不小于 4%井座净开孔。

4. 3. 3 井盖的嵌入深度应符合表 4.3.3-1 的规定，水箅的嵌入深度应符合表 4.3.3-2 的规定，支座顶面与井盖高差不大于 2 mm。

表 4.3.3–1 井盖嵌入深度

类　别	A15	B125	C250	D400	E600
嵌入深度 H/mm	≥30	≥50	≥60	≥70	≥70

表 4.3.3-2　水箅嵌入深度

类别	A15	B125	C200
嵌入深度 *H*/mm	≥30	≥40	≥50

4.3.4　A15 型检查井盖的面板厚度不应小于 10 mm，B125、C250 型检查井盖的面板厚度不应小于 15 mm，D400、E600 型检查井盖的面板厚度不应小于 20 mm。

4.3.5　钢筋的保护层厚度应不小于 10 mm。

4.3.6　井盖与支座的结构尺寸应保证井盖与支座的互换性。

4.4　最小质量、巴氏硬度、承载能力

4.4.1　每套检查井盖最小质量应符合表 4.4.1 的规定。

表 4.4.1　检查井盖最小质量要求　　单位：kg

规格	D500	D600	D700	D760	D800	D950
A15	25	25	30	—	—	—
B125	30	35	40	45	—	—
C250	35	40	55	60	65	70
D400	40	45	60	70	100	120
E600	—	—	65	—	—	—

4.4.2　检查井盖、水箅的巴氏硬度不应小于 35。

4.4.3　检查井盖、水箅的承载能力试验荷载 *F* 和允许残留变形值应符合表 4.4.3 的规定。

表 4.4.3　井盖、水箅承载能力试验荷载 *F* 及允许残留变形值

<table>
<tr><th colspan="2">等级</th><th>试验荷载 F/kN</th><th>允许残留变形/mm</th></tr>
<tr><td rowspan="5">检查井盖</td><td>A15</td><td>15</td><td>（1/500）D</td></tr>
<tr><td>B125</td><td>125</td><td>（1/500）D</td></tr>
<tr><td>C250</td><td>250</td><td>（1/500）D</td></tr>
<tr><td>D400</td><td>400</td><td>（1/500）D</td></tr>
<tr><td>E600</td><td>600</td><td>（1/500）D</td></tr>
<tr><td rowspan="3">水箅</td><td>A50</td><td>50</td><td>（1/500）L</td></tr>
<tr><td>B125</td><td>125</td><td>（1/500）L</td></tr>
<tr><td>C200</td><td>200</td><td>（1/500）L</td></tr>
</table>

4.5　耐久性能

4.5.1　检查井盖应做疲劳性能试验，试验要求应符合表 4.5.1 的规定，经循环测试载荷后，检查井盖不得出现裂纹，试样承载能力不应小于表 4.4.3 规定承载能力试验荷载 F 的 95%。

表 4.5.1　检查井盖疲劳性能试验要求

<table>
<tr><th>承载等级</th><th>循环次数</th><th>测试载荷</th><th>加载速率/（kN/s）</th></tr>
<tr><td>A15</td><td>5 000</td><td rowspan="5">（1/3）F</td><td>1~5</td></tr>
<tr><td>B125</td><td>10 000</td><td>5~10</td></tr>
<tr><td>C250</td><td>50 000</td><td>28 ~ 56</td></tr>
<tr><td>D400</td><td>150 000</td><td rowspan="2">>28</td></tr>
<tr><td>E600</td><td>200 000</td></tr>
</table>

4.5.2 检查井盖应做耐酸性能试验，试样在 20%硫酸溶液中浸泡 48 h，然后观察试样表面应无龟裂、膨胀、表面发白等现象。

4.5.3 检查井盖应做耐碱性能试验，试样在 20%氢氧化钠溶液中浸泡 48 h，然后观察试样表面应无龟裂、膨胀、表面发白等现象。

4.5.4 检查井盖应做耐热性能试验，试样的承载能力不应小于表 4.4.3 规定承载能力试验荷载 F 的 95%。

4.5.5 检查井盖应做抗冻性能试验，试样的承载能力不应小于表 4.4.3 规定承载能力试验荷载 F 的 95%。

4.5.6 检查井盖应做耐候性能试验，试样的承载能力不应小于表 4.4.3 规定承载能力试验荷载 F 的 95%。

5 检测及试验方法

5.1 外观、几何尺寸

5.1.1 外观应在正常光照下进行目测。

5.1.2 几何尺寸及允许偏差应根据产品图纸用符合要求的量具检测。量具的技术要求应符合表 5.1.2 的规定。

表 5.1.2 量具的技术要求

序号	检测项目	量具名称	量程范围/mm	精度/示值误差/mm	分度值/mm
1	井座净开孔 D（$L \times B$）、水箅净尺寸（$L \times B$）	钢卷尺	0～2	II 级	1
2	检查井盖公称直径 D_g（$D_{1g} \times D_{2g}$）、水箅公称尺寸（D_g 或 $L_g \times W_g$）	钢卷尺	0～2	II 级	1
3	缝宽尺寸（a_1、a_2）	游标卡尺	0～200	±0.05	0.05
4	支座支承面宽度（b）	钢直尺	0～150	±0.5	0.5
5	嵌入深度（H）	深度游标卡尺	0～200	±0.05	0.05
6	支座顶面与井盖高差	深度游标卡尺	0～200	±0.05	0.05
7	防滑花纹凸起高度	深度游标卡尺	0～200	±0.05	0.05
8	井盖面板厚度	超声波测厚仪/深度游标卡尺	0～200	±0.05	0.05

5.1.3 几何尺寸测量方法应符合表 5.1.3 的规定。

表 5.1.3 测量方法

序号	测量项目	测量方法
1	井座净开孔 D（$L \times B$）、水箅净尺寸（$L \times B$）	在圆形井盖同一平面上，测量通过圆心且互相垂直的两个外径值取其平均值。 矩形井盖、箅子每个边长的两端及中部各测量一个数据，取三个数据的平均值
2	检查井盖公称直径 D_g（$L_g \times B_g$）、水箅公称尺寸 $L_g \times B_g$	在圆形井盖同一平面上，测量通过圆心且互相垂直的两个外径值取其平均值。 矩形井盖、箅子每个边长的两端及中部各测量一个数据，取三个数据的平均值
3	缝宽尺寸（a）	在圆形井盖同一平面上通过圆心相互垂直的两条中心线上测量两侧缝宽之和 $2a$ 及 $2a'$。 矩形井盖或箅子在长、宽方向的中轴线上分别测量缝宽 $2a$ 及 $2a'$。 取上述两个数据的平均值
4	支座支承面宽度（b）	圆形井盖支座在支承面上通过圆心且相互垂直的两条中心线上，测量出 b_1、b_2、b_3、b_4。 矩形井盖或箅子在支座长、宽方向的中轴线上测量出 b_1、b_2、b_3、b_4。 取上述四个数据的平均值
5	嵌入深度（H）	在圆形支座的两个相互垂直的中轴线上，测量支座支承面至支座顶面的垂直高度 H_1、H_2、H_3、H_4。 在矩形支座的长、宽方向的中轴线上，测量支座支承面至支座顶面的垂直高度 H_1、H_2、H_3、H_4。 取上述四个数据的平均值

续表

序号	测量项目	测量方法
6	支座顶面与井盖、箅子高差（C）	在圆形检查井盖相互垂直的中轴线上对应部位，测量支座顶面与井盖顶面的高差 C_1、C_2、C_3、C_4。 在矩形检查井盖或箅子长宽方向中轴线上的对应部位，测量支座顶面与井盖顶面的高差 C_1、C_2、C_3、C_4。 取上述四个数据的平均值
7	防滑花纹凸起高度 S	随机测量三点的凸起高度，取三次测量结果的平均值
8	井盖面板厚度	超声波测厚仪：用探头测量。 深度游标卡尺：用绷线测量井盖底面至井盖面板底面的最大值 R，则井盖面板厚度=$H-R-S$（嵌入深度－井盖底面至井盖面板底面的最大值－防滑花纹凸起高度）

5.2 质量、巴氏硬度

5. 2. 1 检查井盖、水箅的质量宜用台秤称量，台秤的精度应不低于 100 g。

5. 2. 2 在检查井盖、水箅的平坦部位按照《增强塑料巴柯尔硬度试验方法》GB/T 3854 进行测定。

5.3 承载能力试验

5. 3. 1 应对检查井盖和水箅成套产品进行承载能力试验。

5.3.2 加载设备所能施加的荷载不应小于试验荷载的 1.2 倍（图 5.3.2），其台面尺寸应大于检测井盖或水箅支座的最外缘尺寸，若只检测箅子，则应四边支承，支承面宽度应符合本规程第 4.3.2 条的规定。测力仪器的误差应小于 ± 2%。

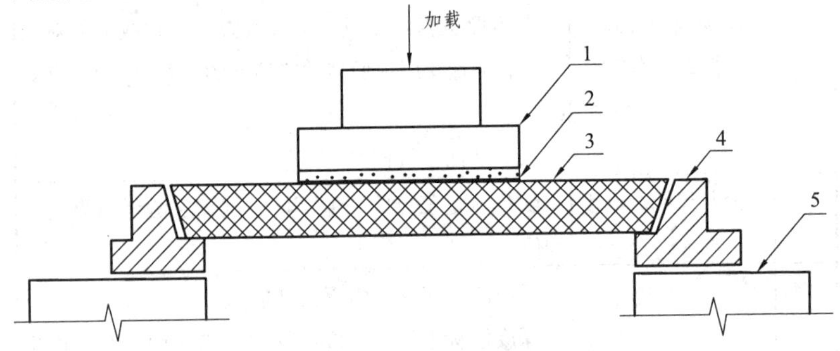

图 5.3.2 承载能力试验加载示意

1—刚性垫块；2—橡胶垫片；3—井盖（箅子）；4—支座；5—台面

5.3.3 装置附件应包括刚性垫块及橡胶垫片，并应符合下列规定：

1 刚性垫块应符合下列规定：

1） 检查井盖的刚性垫块（图 5.3.3-1）的直径应为 356 mm，厚度等于或大于 40 mm、上下表面应平整。

2） 水箅的刚性垫块（图 5.3.3-2）应按尺寸分为 300 mm × 400 mm 和 300 mm × 200 mm 两种，厚度均等于或大于 40 mm、上下表面平整。当水箅净尺寸 $L \geqslant 500$ mm 且 $W \geqslant 400$ mm 时，应使用尺寸为 300 mm × 400 mm 的刚性垫块，否则使用尺寸为 300 mm × 200 mm 的刚性垫块。

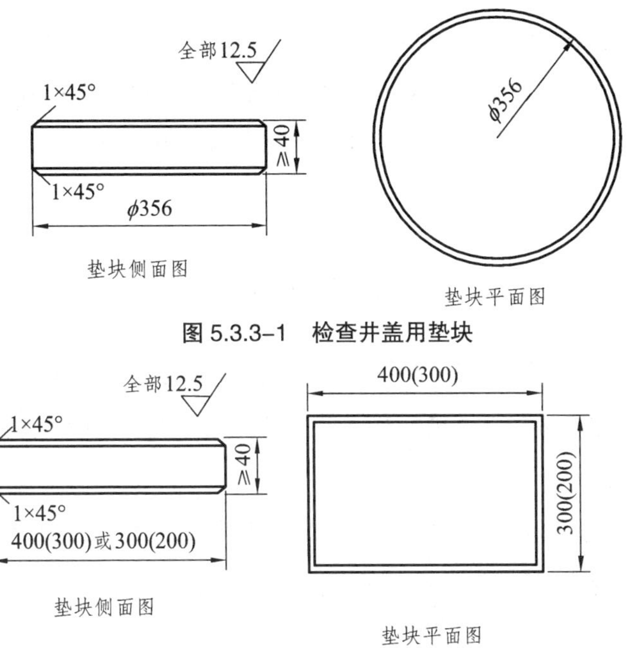

图 5.3.3-1　检查井盖用垫块

图 5.3.3-2　水箅用垫块

2　刚性垫块与井盖或水箅之间应放置一张弹性橡胶垫片，垫片的平面尺寸应与刚性垫块相同，垫片厚度应为 6 mm ~ 10 mm。

5. 3. 4　残留变形检测应符合下列规定：

1　加载前，应记录井盖几何中心位置的初始值，测量精度为 0.1 mm。

2　以 1 kN/s ~ 5 kN/s 的速率施加荷载，直至本规程规定相应的试验荷载 F 值的 2/3，持荷时间 5 min，然后卸载。此过程重复 5 次，最后记录下几何中心的最终值。初始值和第 5 次卸载后最终值的差值为残留变形值。残留变形值应符合表 4.4.3 的要求。

5.3.5 检查井盖和水箅成套产品进行承载能力试验时，以 1 kN/s ~ 5 kN/s 的速率施加荷载直至本规程规定相应的试验荷载 *F* 值，试验荷载施加上后应保持 30 s，试件未出现影响使用功能的损坏即判定为合格。

5.4 疲劳性能试验

5.4.1 试验使用的动态结构试验机，应具有荷载、位移、应变及计算函数等多种控制模式，设备所能施加的最大荷载不应小于试验荷载的 1.2 倍。

5.4.2 动态结构试验机按表 4.5.1 的循环载荷进行疲劳试验后，井盖的残留变形应满足表 4.4.3 的规定，其试验荷载满足表 4.4.3 的规定。

5.4.3 在疲劳循环试验的进行过程中，若意外出现停顿，每次停顿时间不得超过 5 min 且一个试样试验时不应有超过 3 次的停顿，否则必须更换并重新开始。

5.5 耐热性能试验

5.5.1 试验装置采用高低温试验箱，试验控制温度应为 70 °C ± 2 °C，试验持续时间 24 h（1 d）。

5.5.2 试样应在高低温试验箱中 70 °C ± 2 °C 条件下保持 24 h，取出后按本规程第 5.3.5 条的规定迅速测试其承载能力。

5.6 抗冻性能试验

5.6.1 试验装置高低温试验箱，试验控制温度应为（－40±2）℃。

5.6.2 试样应在高低温试验箱中（－40±2）℃条件下保持 24 h，取出后按本规程第 5.3.5 条的规定迅速测试其承载能力。

5.7 耐候性能试验

5.7.1 试验装置采用氙灯气候模拟试验箱进行试验，应有调温调湿装置、喷水装置、氙弧灯光源装置。

5.7.2 试样应在氙灯照射及雨淋的条件下持续 500 h 后，在常温下室内放置 24 h，并按本规程第 5.3.5 条的规定迅速测试其承载能力。

5.7.3 耐候性能试验应满足下列试验条件：

1 氙弧灯照射温度：（60±5）℃。

2 湿度：65%±5%。

3 光照度：（550±50）W/m^2。

4 喷水时间：（18±0.5）min；两次喷水之间的无水时间：（102±0.5）min。

5 试样旋转速率：1 r/min。

6 安 装

6.1 一般规定

6.1.1 检查井盖、水箅安装前应有生产厂家提供的授权书、产品合格证、产品质量检验报告。

6.1.2 检查井盖、水箅上必须具有清楚且永久的类型、用途的标志。

6.2 基 座

6.2.1 检查井盖、水箅支座应安装在基座上，基座应为混凝土，其强度等级不低于C25，宽度不小于支座宽度。

6.2.2 检查井盖、水箅基座混凝土应无蜂窝麻面、缺边掉角现象。

6.2.3 基座的顶面应平整，坡度同路面坡度。

6.3 支座安装

6.3.1 沥青混凝土路面的检查井座、水箅安装宜在面层沥青混凝土铺筑前进行，水泥混凝土路面的检查井座安装应在水泥混凝土路面浇筑前进行。

6.3.2 检查井盖、水箅支座安装时基座混凝土强度应不低于规定强度的70%。

6.3.3 检查井盖、水箅支座安装时可用1：2水泥砂浆调平，砂浆与支座应结合紧密，厚度不宜大于 10 mm。支座顶面应与路面相平。

6.3.4 沥青路面安装检查井盖的支座，应设置锚固措施将支座固定在基座上，锚栓个数宜不少于 3 个，支座安装后不得出现晃动。

6.3.5 路面铺筑时应采取措施防止检查井盖、水箅被污染、损坏。

6.4 储存、运输和装卸

6.4.1 检查井盖、水箅在仓库或露天按规格分类堆放。

6.4.2 储存地应远离火源或热源，环境温度不应高于 60 °C。

6.4.3 运输时无须包装。人工装卸时，严禁抛掷、滚落，以免损坏产品；当用叉车装卸时，堆高不应高于十层，产品底部应有托架。

7 质量检验

7.1 产品质量检验

7.1.1 产品质量检验应分为出厂检验和型式检验。

7.1.2 产品的出厂检验应符合下列规定;

1 产品以同一规格、相同原材料在相同条件下生产的检查井盖、水箅构成批量。生产批量以 300 套为一批，不足该数量时按一批计。

2 产品的检验项目应包括产品外观、几何尺寸、井盖最小重量、巴氏硬度和承载能力检验。

3 产品的外观、几何尺寸及井盖最小重量应逐套检验，如有 3 套（不含 3 套）以上不符合要求，则该批产品不合格。

4 每批应随机抽取 3 套进行巴氏硬度、承载能力的检验。如有一套不符合要求，则再另抽取 3 套测定，如仍有一套不符合要求，则该批产品不合格。

5 每批产品必须有该批材质的检验报告。

7.1.3 产品的型式检验应符合下列规定：

1 有下列情况之一时，应进行型式检验：

1）新产品定型时；

2）正常生产情况下每两年至少进行一次；

3）原材料、结构、设备及生产工艺有明显改变可能影响产品性能时；

4）连续半年以上停产，恢复生产时；

5）出厂检验结果与上次型式检验有较大差异时；

6）国家质量监督检验机构提出进行型式检验时。

2 检验项目应包括本规程第 4.2～4.5 条的所有技术要求。

3 产品型式检验的抽样及判定应符合下列规定：

1）从出厂检验合格的批量产品中，按本规程第 4.2～4.5 条的要求，对某一批量随机抽取 10%逐套检查。如果有 3 套及以下不符合要求，则该批产品可视为合格。有 3 套以上不符合要求，则该批产品不合格。

2）从 1）抽取的产品中，随机抽取 3 套进行承载能力试验。如有一套不符合要求，则再抽取 3 套重复本项试验，如再有一套不符合要求，则该批产品不合格。

3）从 1）抽取的产品中，随机各抽取 4 组 3 套，分别进行抗疲劳、耐热、抗冻、耐候四项性能测试。各项测试中如有一套破坏时的荷载小于破坏荷载的 95%，则再抽取 3 套重复该项试验。如再有一套不符合要求，则该批产品不合格。

4 型式检验不合格时，该产品应立即停止生产。采取措施后，须再次进行型式检验，合格后方能正式投入生产。

7.2 安装工序质量检验

7.2.1 检查井盖、水箅的规格、型号、等级应符合设计要求。

7.2.2 检查井盖、水箅现场安装前应进行进场抽检，检查项目包括产品外观、尺寸偏差、井盖重量、承载能力，抽样数量不小于检查井盖总数的 1%，且不少于 3 套。

7.2.3 检查井盖、水箅的基座质量允许偏差应符合表 7.2.3 的规定。

表 7.2.3 检查井盖、水箅的基座质量允许偏差

项目	允许偏差/mm	检验频率	检验方法
混凝土强度	不低于设计强度	每台班 1 组	抽样送检
断面尺寸	+10，-5	每座井 2 点	钢尺测量，宽度、厚度各一点
顶面高程	±5	每座井 2 点	水准仪测量，最高、最低各一点
井口尺寸	±10	每座井 2 点	钢尺测量，通过井中心且互相垂直的井口直径各一点
平整度	5	每座井 1 点	水平尺、塞尺测量

7.2.4 支座安装应平稳，与基座接触紧密，无悬空及孔洞现象。

7.2.5 支座应与路面接顺，无错台及裂缝。

7.2.6 支座安装允许偏差应符合表 7.2.6 的规定。

表 7.2.6 支座安装允许偏差

项 目	允许偏差/mm	检验频率	检验方法
轴线位置	10	每座井 2 点	经纬仪测量
平整度	5	每座井 1 点	3 m 直尺、塞尺测量
支座与路面高差	3	每座井 1 点	水平尺、塞尺测量

7.2.7 检查井盖、水箅安装完成后应按本规程要求进行质量验收。

本规程用词说明

1 为便于在执行本规程条文时区别对待，对要求严格程度不同的用词说明如下：

1）表示很严格，非这样做不可的：

正面词采用“必须”，反面词采用“严禁”；

2）表示严格，在正常情况下均应这样做的：

正面词采用“应”，反面词采用“不应”或“不得”；

3）表示允许稍有选择，在条件许可时首先应这样做的：

正面词采用“宜”，反面词采用“不宜”；

4）表示有选择，在一定条件下可以这样做的，采用“可”。

2 条文中指明应按其他有关标准执行的写法为：“应符合……的规定”或“应按……执行”。

引用标准名录

1 《钢筋混凝土用热轧带肋钢筋》GB 1499

2 《增强塑料巴柯尔硬度试验办法》GB/T 3854

3 《纤维增强塑料用液体不饱和聚酯树脂》GB/T 8237

4 《检查井盖》GB/T 23858

5 《聚合物基复合材料检查井盖》CJ/T 211

6 《玻璃纤维短切原丝》JC/T 896

四川省工程建设地方标准

四川省高分子复合材料检查井盖、水箅技术规程

Technical Specification of Polymer Composite Manhole Lid and Water Grate in Sichuan Province

DB51/T 5057 – 2016

条 文 说 明

目　次

1 总 则

1.0.1 高分子复合材料检查井盖、水箅在四川省境内已广泛使用，但类似产品数量众多，质量参差不齐，为规范此类产品质量，为生产、设计、施工、检验提供依据，故制定本规程。

1.0.2 规定了本规程的适用范围。

1.0.4 明确了本规程与其他技术标准文件的关系，便于相关人员使用。

3 产品承载等级、编号、标识

3.1 承载等级

3.1.1 国际上通用标准《车道步行道的泄水沟盖和检查井盖》EN 124 将检查井盖分为了 6 个不同等级。国家标准《检查井盖》GBT 23858－2009 参照该国际标准将检查井盖分为了 6 个不同等级,《球墨铸铁复合树脂水箅》CJ-T328－2010 也参照该国际标准将水箅分为 5 个等级。从实际使用来看，高分子复合材料检查井盖最高承载要求是 600 kN,因此本标准参考了上述标准，将检查井盖荷载等级划分为五个等级。

3.1.2 水箅应设置在道路路边路缘石位置 50 cm 以内，受行驶中的车辆作用次数有限，故将水箅按实际受荷情形划分为三个等级。

3.2 产品编号

3.2.1 高分子复合材料检查井盖的产品编号包括四个部分，产品代号为 JJG,形状及几何尺寸中圆形用井座净开孔 D 标示，矩形标示为长乘以宽，尺寸单位为 mm，承载等级标志为 A15、B125、C250、D400、E600 等，结构形式标示为单层或双层，一般检查井盖为单层，双层较少，为简化标示，单层检查井盖不做标注，故常用的检查井盖的产品编号仍由三个部分组成。

产品编号示例 1：

JJG——D700——B125

JJG——产品代号；D700——井座净开孔（mm）；

B125——承载等级。

产品编号示例 2：

JJG——800×600——C250

JJG——产品代号；800×600——井座净开孔（mm）；

C250——承载等级。

3.2.2 水箅一般没有双层的，故水箅的产品编号为三个部分。水箅的产品代号为 JSB，形状及几何尺寸用长×宽标示，尺寸单位为 mm，承载等级标志为 A15、B125、C200，产品的几何尺寸均指水箅的净空尺寸。

产品编号示例 1：

JSB——700×340——B125

JSB——产品代号；700×340——水箅净空尺寸（mm）；B125——承载等级。

3.3 标识、合格证

3.3.1 规定了产品标识，方便对检查井盖、水箅的用途、种类、厂家的识别，同时鼓励生产厂家在产品中设置身份识别信息卡，利于检查井盖、水箅使用市场规范化。

3.3.3 标记可采用印记或吊牌等方式。

4 原材料及产品技术要求

4.1 主要原材料

4.1.1～4.1.2 高分子复合材料检查井盖、水箅的主要原材料为不饱和树脂、玻璃纤维、钢筋，树脂用量和纤维用量是高分子材料的质量保证，如当不饱和聚酯树脂的用量小于模塑料用量的12%时，材料的性能明显下降，故本标准对树脂的用量和玻璃纤维的用量进行限定，以确保检查井盖的性能满足要求。

4.1.4 为改善物理力学性能，混合料中可加入适量添加剂（如无机填料、加工助剂、稳定剂、着色剂），不同的添加剂用量会明显影响检查井盖的质量，如无机填料宜选用重质碳酸钙，但部分厂家添加了粗颗粒的重钙砂或石粉，显著降低了检查井盖的强度和耐久性，使得检查井盖在使用过程中的破坏率大为增加，故本规程对添加重钙砂和石粉的情况进行限制，另外再生树脂的性能也会明显降低产品的性能，故规定不得使用重钙砂、石粉和再生料。

4.2 外　观

4.2.2 检查井盖、水箅作为城市道路上较为显眼的构筑物，应起到美化城市的效果，表面应做到整洁美观，同时，为方便检查，井盖表面应按本标准规定标注标识和产品编号。

4. 2. 5 检查井盖用于车行道时，受到车辆荷载的作用而产生水平推力，当路面面层材料为沥青混凝土时，其路面的水平抵抗力较差，支座容易滑动。故规定支座应设置用于固定的锚栓孔，该锚栓孔应配置锚钉嵌入基座混凝土中。

4. 2. 7 水箅的排水面积指即水箅上所有排水孔面积之和。

4. 2. 8 透气孔宜在距井盖中心 20 mm ~ 25 cm 范围内开孔，孔洞位置必须避开井盖背面加强筋条，孔洞周边应与井盖防滑纹凸起部分高度一致，孔数宜为 2 个，直径为 30 mm ~ 38 mm，如图 4.2.8 所示。

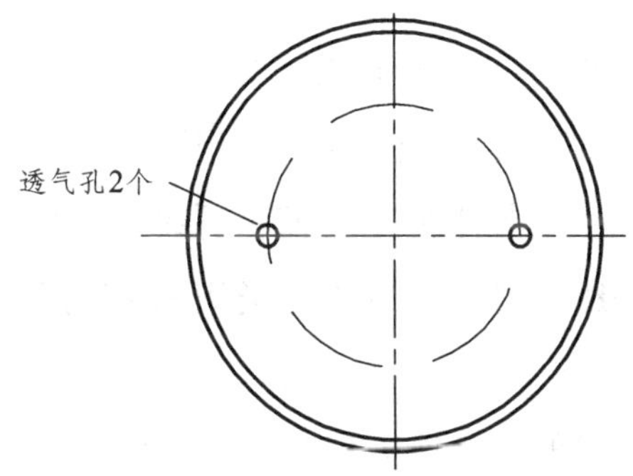

图 4.2.8 井盖透气孔设置示意图

4.3 几何尺寸

4. 3. 1 井盖、箅子与支座之间的缝隙过宽，会产生滑移、响动现象；缝过窄，开启困难，因此要求缝宽应在适当的范围内。

4. 3. 2 支座支承面宽度参考 CJJ/T 211 – 2005 的规定。

4.3.3 井盖、箅子的足够的嵌入深度是防止汽车行车时碾压产生冲击时井盖出现弹跳及井盖、箅子翻转等现象的必要保证。

4.3.4 检查井盖在道路上容易发生被石子碾压产生局部破坏的现象，从而影响其使用性能。其原因为检查井盖面板厚度较薄，石子容易使井盖局部产生破坏，因此规定检查井盖面板的最小厚度。检查井盖面板厚度指井盖的最薄厚度，即不计凸起高度和肋的面板厚度。

4.4 最小质量、巴氏硬度、承载能力

4.4.1 井盖最小质量是根据检查井盖的技术要求并结合使用过程中防止井盖弹跳、翻转的需要等因素确定。

4.4.2 巴氏硬度的技术要求参照《纤维增强塑料用液体不饱和聚酯树脂》GB/T 8237－2005 中通用 G 型树脂的巴柯尔（巴氏）硬度要求≥35。

4.4.3 检查井盖的承载能力值参考现行国家标准《检查井盖》GBT 23858 的规定执行。

4.5 耐久性能

4.5.1 铺设于车行道上的检查井盖长期承受车辆反复碾压，须进行疲劳性能试验。

4.5.2～4.5.5 检查井盖、水箅是以不饱和树脂等高分子材料为主要成分的产品，为保证检查井盖、水箅的使用寿命，检验产品的耐久性能，应进行耐热性能、抗冻性能和耐候性等试验的测试。

6 安 装

6.2 基 座

6.2.1 检查井盖及水箅的常出现沉降现象，据调查部分原因为基座不牢固、强度不足被压碎等，因此规定井座下应设置混凝土基座。

6.2.3 基座混凝土顶面应设置与路面相同的坡度，顶面至路面表面的厚度应与检查井盖、水箅厚度相适应。

6.3 支座安装

6.3.3 本规定是避免支座安装后因车辆荷载的作用将基座压坏，调平砂浆的厚度不应过大，以避免砂浆的破坏造成井座下沉。

6.3.4 沥青混凝土路面检查井圈周围常出现开裂现象，主要原因是沥青混凝土路面为柔性材料，检查井盖支座通过坐浆方法不能抵抗行车荷载的冲击力，因此，支座应设置锚栓，用锚钉将支座固定在基座混凝土上。

6.4 储存、运输和装卸

6.4.3 在检查井盖、水箅使用过程中，易发生人工装卸时的抛掷等情况，对高分子复合材料产品有严重的破坏性，会降低了检查井盖的使用寿命，故在装卸中严禁抛掷、滚落。

7 质量检验

7.1 产品质量检验

7.1.2 产品出厂检验应逐套检查外观、几何尺寸及井盖最小重量，每套如有1项检验项目不符合要求，则该套产品不合格。

7.2 安装工序质量检验

7.2.1 检查井盖、水箅安装时应逐个核实井盖、水箅的规格、型号、等级，不得有错误的情形。

7.2.2 承载能力检测应由第三方具有资质的检测机构进行。

7.2.3 基座平整度是检测基座顶面混凝土的表面平整情况，有利于支座安装平稳。

7.2.6 支座安装平整度是指检测检查井盖及周围路面的平整情况。